the kid books

नन्ही मछली और नीली लहर

लेखक
कुमार अनुपम

चित्रांकन
आरती कुमारी

मिक्कू एक दिन नीली लहर के साथ खेलने में मगन थी। दोनों ने खेलना तय किया।

अक्कड़ बक्कड़ बम्बे बो

अस्सी नब्बे पूरे सौ

सौ में लगा धागा

चोर निकल के भागा......

चोर को पकड़ लो!

रस्सी में जकड़ लो

चोर ने माँगी माफी

उसको दे दो टॉफी।

नीली लहर की बारी आयी। उसने आँखें बंद कीं,

तो मिक्कू चुपके से हरी लहर के पीछे छिप गयी।

नीली लहर ने कई बार पुकारा लेकिन मिक्कू की आवाज नहीं आयी।

नीली लहर ने फिर पूछा- आ जाऊँ?

तब मिक्कू ने हरी लहर के पीछे छिपे-छिपे कहा-

आ जाओ! मुझे ढूँढ सको तो ढूँढ लो। और यह कह कर मिक्कू हँस दी।
मिक्कू की हँसी से हरी लहर के पेट में कई गोल गोल भँवर बन गयी।

जिससे उसे गुदगुदी हुई और उसे भी हँसी आ गयी।

हरी लहर ने मिक्कू को अपने और भीतर छिपा लिया ताकि नीली लहर उसे देख न सके।

नीली लहर ने उसे हर लहर के पीछे ढूंढा।

नीली लहर ने नदी के तले में लगे हर पौधे के पीछे ढूँढा।
हर एक शैवाल के पीछे ढूँढा।

हर किसी से पूछा कि क्या तुमने मिक्कू को कहीं देखा है?
लेकिन कुछ भी पता न चला।
नीली लहर परेशान हो गयी।

वह काँपते हुए अपनी जगह पर लौट आयी। मिकू को छिपकर बहुत मज़ा आ रहा था। वह बहुत खुश थी कि नीली लहर उसे ढूँढ नहीं पा रही।

मिकू ने नीली लहर को छेड़ने के लिए फिर पुकारा -

नीली लहर, नीली लहर मुझे ढूँढ सको तो ढूँढ लो।

नीली लहर ने जब मिक्कू की पुकार सुनी तो वह समझ गयी कि मिक्कू कहीं आसपास ही है।

मिक्कू को आज सुबह से ही लग रहा था कि बरसात होगी।

लेकिन अब बादल हट गए थे।

सूरज चमकने लगा था, धूप खिल गयी थी।

सूरज की तेज किरणें नदी की तली तक आ रही थीं।

सूरज की रोशनी नीली लहर पर भी पड़ी।

सूरज की रोशनी से उसका नीला रंग अब हरा दिखने लगा।

नीली लहर अब हरी लहर की तरह लगने लगी।

मिक्कू आराम से हरी लहर में छिपी-छिपी तैर रही थी।

वह तैरते-तैरते नीली लहर के पास चली आयी जो अब सूरज की रोशनी से हरी हो गयी थी। मिक्कू को यह पता ही नहीं चल सका।

नीली लहर, जो अब हरी दिख रही थी, उसने तुरंत मिक्कू को 'आइस पाइस' बोल दिया।

मिक्कू चिल्लाई, तुमने चीटिंग की है, 'चीटिंग'....

लेकिन नीली लहर नहीं मानी ।

मिक्कू ने गुस्से में कहा कि नीली लहर, तुमने जादू से अपना रंग बदला है।

मिक्कू को अक्सर लगता था कि नीली लहर जादू करना जानती है। क्योंकि जब नीली लहर पर सूरज की रोशनी पड़ती थी तो वह हरे रंग की हो जाता थी। लेकिन मिक्कू को नीली लहर का इस तरह रंग बदलना अच्छा लगता था।

अब छिपने की बारी नीली लहर की थी।

मिट्कू ने आँखें बंद कीं

तो नीली लहर एक बड़ी काली लहर के पीछे छिप गयी।

मिक्कू उसे ढूँढने के लिए पीली लहर के पास गयी और पूछा-
पीली लहर पीली लहर तुमने नीली लहर को देखा?

पीली लहर ने कहा- नहीं मिक्कू , मैंने नहीं देखा।
मिक्कू ने लाल लहर , चमकीली लहर, सफेद लहर - सबसे पूछा।
लेकिन सबसे एक ही जवाब मिला, “हमने नीली लहर को नहीं देखा”।

मिक्कू अब काली लहर के पास गयी।

मिक्कू ने काली लहर से बड़े प्यार से पूछा- काली लहर, काली लहर, मैं और नीली लहर आइस पाइस खेल रहे हैं। नीली लहर पता नही कहाँ छिप गयी है? मैं नीली लहर को ढूँढ नहीं पा रही।

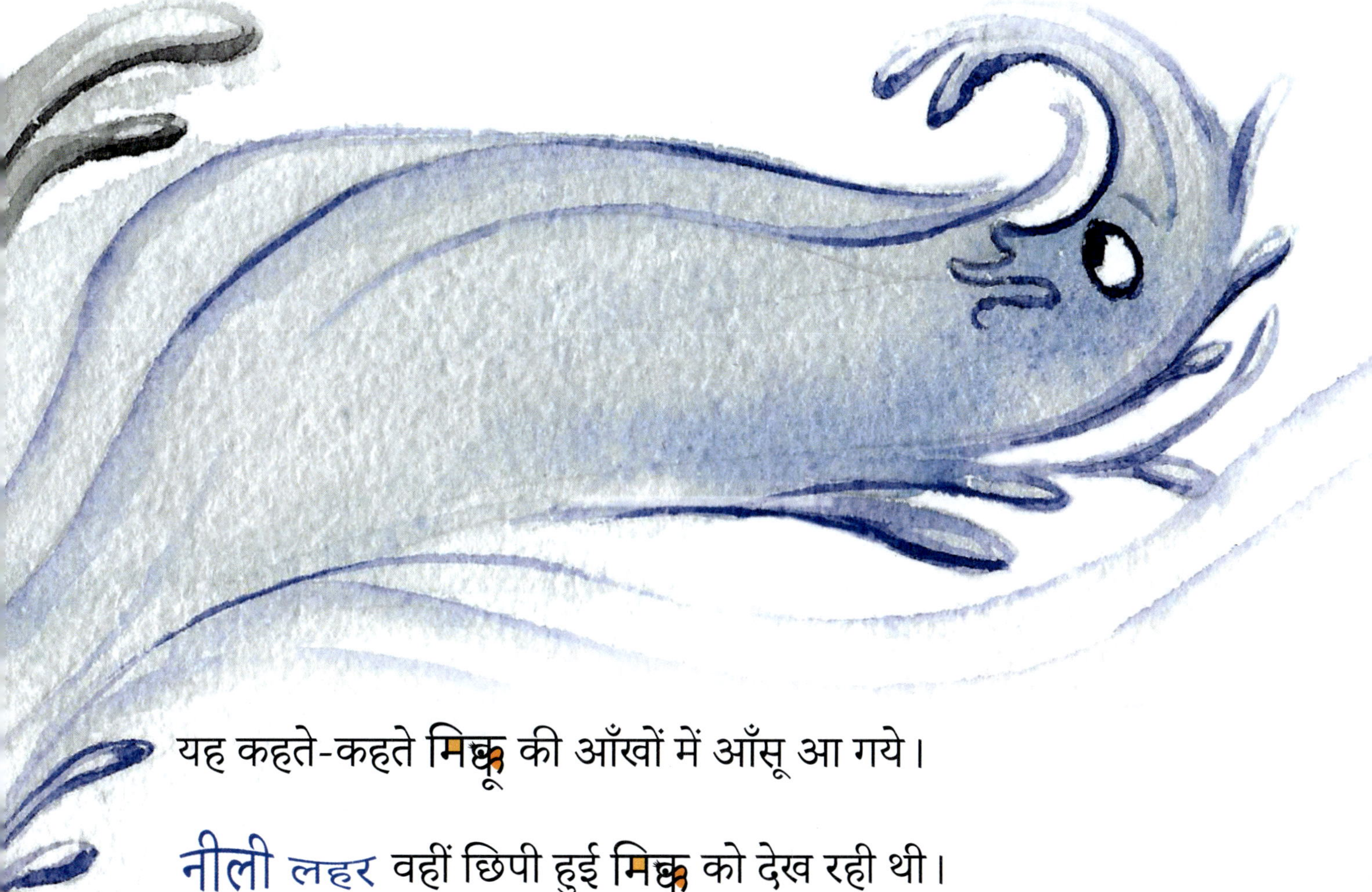

यह कहते-कहते मिक्कू की आँखों में आँसू आ गये।

नीली लहर वहीं छिपी हुई मिक्कू को देख रही थी।

नीली लहर ने जब मिक्कू को रोते हुए देखा तो वह दुखी हो गयी।

तब तक काली लहर ने मिक्कू को हल्का-सा इशारा कर दिया कि यहीं ढूँढ लो।

इशारा करके काली लहर ने अचानक एक ज़ोर की उछाल मारी तो उसके पीछे छिपी नीली लहर मिक्कू को दिखाई पड़ गयी।

मिक्कू ने तुरंत नीली लहर को 'आइस पाइस' बोल दिया।

ढूँढ लिए जाने से नीली लहर को खुशी ही हुई क्योकि मिक्कू उसकी पक्की सहेली थी और अपनी सहेली को परेशान भला कौन देखना चाहता है।

दोनों सहेलियाँ खुशी-खुशी अपने घर की ओर लौट चलीं।

रास्ते में मिक्कू की माँ मिल गयी। मिक्कू ने माँ को चहकते हुए बताया कि मैंने और नीली लहर ने आज आइस पाइस खेला।

हमें बहुत मज़ा आया। यह सुनकर माँ को भी खुशी हुई।

माँ ने कहा- जानती हो मिकू , जब मैं छोटी थी तो मैं भी आइस पाइस खेलती थी। सब लोग छुपम छुपाई को आइस पाइस ही बोलते हैं। लेकिन मेरी प्यारी, सही शब्द है– 'आइ स्पाई' (I Spy)। 'स्पाई' मतलब जासूस होता है जो हर चीज को ढूँढ लेता है। आई स्पाई, मतलब, मैं जासूस।
मैं जासूस हूँ और चोर को ढूँढ निकालूँगा। समझी....

यह नयी जानकारी मिकू और नीली लहर दोनों को बहुत अच्छी लगी। सब खिलखिला कर हँस पड़ीं और बोलने लगीं -

आइस पाइस, आइस पाइस

आइस पाइस, आइस पाइस

अनबाउंड स्क्रिप्ट का उपक्रम

नन्ही मछली और नीली लहर : कुमार अनुपम

प्रथम संस्करण : जनवरी, 2025

ISBN : 978-81-19745-17-3

प्रकाशक
अनबाउंड स्क्रिप्ट
2/41, अंसारी रोड, दरियागंज, दिल्ली - 110002
वेबसाइट : www.unboundscript.com
ई-मेल : books@unboundscript.com
फोन नं. : 01135807601

NANHI MACHLI AUR NEELEE LAHAR
Written by Kumar Anupam
Illustrated by Aarti Kumari

Printed in India

मूल्य : ₹ 199/-